AF263846

PÈRE HYACINTHE

ET LE

LIBÉRALISME CLÉRICAL

F. RABBE

LE PÈRE HYACINTHE

ET LE

LIBÉRALISME CLÉRICAL

PARIS

ARMAND LE CHEVALIER, ÉDITEUR

61, RUE DE RICHELIEU, 61

—

1869

*Y a-t-il alliance possible entre l'esprit moderne
et le catholicisme romain?* Telle est la question
qui se débat de plus en plus vivement devant l'opinion, et à la solution de laquelle la protestation du
P. Hyacinthe peut n'être pas inutile.

Le P. Hyacinthe a longtemps cru à cette possi-
bilité ; il s'est efforcé de la démontrer, de la faire
passer de la spéculation dans les faits ; et nous sa-
vons que d'ardeur, que d'enthousiasme, que de talent il a dépensé à cette généreuse illusion. Aujourd'hui l'expérience est faite, et faite de main de
maître ; l'illusion n'est plus possible ; la scission de-

vient de plus en plus profonde; demain elle sera irremédiable.

Un grand enseignement sort de cette lutte et de cette désertion : le *Catholicisme libéral* est la plus vaine des chimères, la plus chimérique des utopies.

Que toutes les âmes généreuses et libres qui seraient encore tentées de se rattacher à ce tronc miné, portent ailleurs leurs regards et leurs espérances. S'il leur faut un mot d'ordre religieux, si leur esprit n'est pas encore assez fort pour soutenir l'éclatante lumière des grands horizons humanitaires, s'ils veulent tenir encore au passé par quelque fil, s'il leur faut à tout prix une transition au moins dans les mots, qu'ils se tournent vers le *Christianisme libéral,* qui va chaque jour élargissant son sein, et ne conserve plus de l'ancien christianisme que ce qui peut rallier tous les hommes dans la liberté et la charité.

I

En vain les catholiques s'efforcent de faire le silence autour de l'acte retentissant du P. Hyacinthe, en vain ils affectent le plus dédaigneux mépris de l'homme et de sa protestation ; ils ont ressenti le coup de foudre ; sous la commotion subite et violente, ils se sont voilé la face, puis, essuyant leurs fronts, ils ont dit en tremblant : Ce n'est rien, ce n'est que du bruit ; nous en serons quittes pour la peur,... « esprit brouillon et indiscipliné !... un « pauvre homme ! Un cerveau fêlé ! »

Quand on a dit d'un homme qui ne pense pas comme vous : « C'est un fou ! » que reste-t-il à dire ? Malheur à la société qui n'a pas de Bicêtre pour une folie si dangereuse et si coupable !

D'autres hommes, ennemis jurés de tout ce qui sent de près ou de loin la religion, s'unissent aux catholiques dans leur dédain et leur mépris ; et les catholiques, chez qui le zèle étouffe la prudence, de s'emparer de ces témoignages, pour les fondre dans leurs pieuses catilinaires ; ils disent au rebelle : « Écoutez ces hommes, les organes de Satan, les « éternels ennemis du Christ et de la société, ils « pensent comme nous, ils parlent comme nous. »

Jamais, mes maîtres, vous n'avez dit plus vrai ; le langage de la passion et du fanatisme en haut ou en bas, qu'il vienne de Dieu ou de Satan (pour parler comme vous), est partout et toujours le même ; la colère est sans équité, la haine est mauvaise inspiratrice, mais surtout quand elle prend les airs de la charité.

Il n'y a rien du reste que de naturel dans cette alliance : le fanatisme révolutionnaire donnant des armes à la superstition ; les extrêmes se touchent et se justifient.

Cependant les organes du radicalisme le plus avancé se sont émus ; ils reconnaissent qu'il faut encore dans notre siècle compter avec les prêtres ;

seulement, comme ils ne veulent rien voir entre ces deux termes : *Orthodoxie romaine* et *Révolution*, ils ne font de tout le reste qu'un seul faisceau, confondant pêle-mêle l'hypocrisie et la sincérité, le fanatisme et le libéralisme, la routine aveugle et intolérante, et l'émancipation graduelle et réfléchie ; les Dupanloup et les Hyacinthe sont pour eux « deux têtes sous le même bonnet ; » ils ne comprennent pas qu'on puisse découdre, ils ne veulent que déchirer ; ils sont encore de l'école du dernier siècle, et seraient capables d'appeler Voltaire un calotin, parce qu'il a dit : « Au lieu de battre l'É- « vangile avec les prêtres, j'aurais dû battre les pré- « tres avec l'Évangile. »

Ce qui ressort avec éclat de cette mêlée de commentaires outrageux ou louangeurs, c'est que la courageuse initiative du P. Hyacinthe intéresse tous les vrais amis de la liberté. Celle-ci a toujours quelque chose à gagner à l'affranchissement d'un esprit élevé et sincère.

De telles protestations ont ce résultat assuré qu'elles amènent nécessairement l'Église à révéler plus ouvertement ses plaies secrètes, à se replier plus étroitement dans son intolérance et son esprit d'exclusivisme, à se séparer de plus en plus de la fraction libérale, de ces faux fils, serpents réchauffés dans son sein, qui voudraient, comme aux jours d'Éden, lui faire goûter encore au fruit de mort de la science et de la vérité. Elle sait trop ce qu'il en a coûté à Adam et à sa postérité, pour se remettre

en appétit ; Tantale volontaire, elle aime mieux pé-
rir de faim et d'inanition.

II

La presse catholique et anticatholique de toutes
nuances s'est acharnée à trouver les véritables mo-
tifs de la désertion du P. Hyacinthe.

Pour les catholiques, c'est une chute, comme
toutes les chutes depuis celle de l'archange Lucifer
jusqu'à celle de Lamennais, « cet ange foudroyé. »
Le P. Hyacinthe commence comme Lamennais, il
finira comme lui. Il a obéi aux mêmes mobiles, va-
nité, orgueil, amour du bruit et de la popularité.

Ils avaient flairé, ces subtiles renards, tout cela
dans ses antécédents ; ils avaient pressenti « l'abîme
dans le point de départ ; » ils avaient deviné dans
l'audacieux conférencier de Notre-Dame, dans l'o-
rateur du congrès de la Paix, le sectaire, l'hérésiarque, le schismatique, l'*apostat*. L'apostat ! voilà le
grand mot lâché !

Autrefois ce mot suffisait pour dévouer celui à
qui on le décernait aux flammes du bûcher ; ils le
répètent aujourd'hui, comme si devant la conscience
moderne il avait encore le même sens, comme si, à
défaut de bûcher, il devait dévouer au mépris, à la
honte, à l'infamie !

« Le P. Hyacinthe, disent-ils, dépouillé de cette

« robe dont il s'était fait une parure plutôt qu'une
« armure, sera désormais bien peu de chose. Mé-
« diocre fruit depuis longtemps détaché de l'arbre,
« nuée sans eau que le vent emporte sans retour,
« il ne sera plus que M. Loyson... » Loyson tout
court ! Que c'est peu de chose, en effet, qu'un
homme dépouillé de la friperie ecclésiastique ! Que
c'est peu de chose aux yeux des peuples fascinés
par les mascarades traditionnelles !

Cet homme portait hier un froc, quelques aunes
d'étoffe blanche ou noire, drapée ou non drapée.
Comprenant aujourd'hui que ce costume n'est qu'un
masque, un leurre pour la foule crédule, une injure
à la sincérité et à la dignité humaine, il le dépose
comme un roi de théâtre dépose ses oripeaux et sa
pourpre, et il n'est plus le même qu'il était hier ; en
secouant tout ce prestige menteur, il a dépouillé
tout mérite, tout titre au respect et à l'estime.

Eh non ! dira le premier venu qui vous entendra ;
il n'a perdu que ce qui fait le charlatan et le comé-
dien, il garde tout ce qui fait l'homme.

« Il verra, répètent en chœur ses anciens frères,
« ce que pourra sa parole *nue.* » Voilà le mot
de l'énigme ; peut-on se trahir ainsi ? Peut-on dire
plus clairement qu'il n'y a de succès et d'influence
possible, légitime et sainte, que pour une parole
encapuchonnée ?

Enlevez au clergé sa soutane et son rabat, et l'É-
glise catholique verra beau jeu ; faites-en à l'extérieur des hommes comme les autres, comme ils le
sont à l'intérieur quand l'humanité n'est pas étouf-

fée en eux par l'épaisse couche de la culture tradi-
tionnelle, et c'en est fait de la superstition popu-
laire; partant, c'en est fait du catholicisme !

L'Église continue à se trahir. Il ne peut y avoir
de véritable talent, de véritable éloquence, de véritable gloire que dans son sein. Le P. Hyacinthe, en
quittant son couvent, y a tout laissé, raison, éloquence, génie. Insensé, qui s'imaginait faire quelque honneur à son Église, quand il tirait d'elle tout
son éclat ! Puis appliquant le mot républicain de
Cicéron : « L'Église lui manquera, il ne manquera
jamais à l'Église ! »

Non, quoi que vous disiez, en dépit de votre pué-
rile et sotte présomption, le P. Hyacinthe restera
le P. Hyacinthe, le talent élevé, l'âme chaleureuse
et éloquente que nous connaissons, que nous avons
applaudie. Délivré des entraves que vous lui impo-
siez, qu'il était obligé de s'imposer lui-même tant
qu'il devait compter avec vous, son talent n'en
prendra qu'un plus vigoureux essor; bien des cor-
des qui ne vibraient que timidement à travers des
ménagements infinis, retentiront avec éclat; rien
ne tue la véritable éloquence comme les réticences
et les précautions calculées; c'était un écho infi-
dèle, très-infidèle si vous voulez, mais c'était un
écho; désormais, qu'il parle dans une chaire (car il
y a des chaires chrétiennes qui lui seront ouvertes)
ou qu'il écrive dans un livre, il sera lui-même, une
voix, et non plus un porte-voix.

III

Ce qui irrite le plus le parti catholique, c'est la dignité et le sang-froid avec lesquels le P. Hyacinthe a accompli cette magnanime évolution, n'opposant que sa conscience, le sentiment du devoir accompli, aux prières de ses amis, aux invectives de ses ennemis. Rien n'exaspère le fanatisme comme le calme de ceux qui rompent avec lui; il ne peut comprendre la sécurité et le bien-être que l'âme goûte dans la possession d'elle-même le jour où, fatiguée de traîner des chaînes, elle les secoue, où, lassée de tâtonner dans les ténèbres, elle s'ouvre à la pleine lumière de la raison; une telle audace ne peut être qu'un effet de l'aveuglement spirituel, une démence surnaturelle, châtiment anticipé de la justice divine qui se venge.

Le scandale est au comble; on rapproche avec une sainte horreur la bonne grâce avec laquelle le Carme de Passy reçoit, dit-on, les hommages et les félicitations de la presse libérale, de l'attitude sombre et farouche que Lamennais garda au milieu même des manifestations enthousiastes qui accueillirent son apostasie. On ne pouvait manquer une si belle occasion d'insulter une fois de plus à la mémoire du grand hérésiarque du siècle, « de ce prê- « tre que le libéralisme avait vainement décou-

« ronné, et que le premier venu eût reconnu pour
« un prêtre à son grand chapeau, à sa chevelure
« de saule en pleurs, à sa physionomie sombre et
« douce, malade et austère. »

Lamennais a tendu la main à Béranger, il s'est
fait le commensal du chantre de Lisette ; le P. Hyacinthe a tendu la main à un Rabbin et à un « Par-
paillot ; » il a mis « la robe du Carmel en contact
« avec l'hérésie ! » « Honte ! horreur ! sacrilége !
« Ce jour-là, mon révérend Père, dit Mirecourt,
« votre ange gardien s'est voilé la face et a pleuré
« sur vous ! »

L'ange gardien de M. l'abbé Deguerry dut pleu-
rer aussi le jour où, comme le rappelait dernière-
ment Victor Hugo, dans un congrès de la Paix, il
embrassa le pasteur Coquerel aux acclamations de
l'assemblée.

Deux ou trois exemples de ce genre en un siècle, ce n'est pas trop, il faut l'avouer !

Quand viendra le temps où il n'y aura plus personne pour s'étonner et se scandaliser de voir deux
hommes et deux religions fraterniser ?

En attendant, c'est le grand scandale de l'orthodoxie. Elle a aussi sa charité, mais une charité qui
n'est pas de ce monde. Rien n'est si amèrement
risible que ces avertissements lugubres que de prétendus frères adressent au P. Hyacinthe au nom de
la charité évangélique, en appelant sur sa tête l'a-
nathème solennel qui doit le marquer au front du
signe ineffaçable de Satan. En vain celui qu'ils appellent leur Sauveur a dit : « N'éteignez pas la mè-

che qui fume encore ; » ils hâtent de leurs vœux le moment « où cette lampe, qui, disent-ils, n'a plus que quelques heures à brûler, » ne luira plus.

L'anathème, tel est le dernier mot de l'orthodoxie; le remède souverain à l'erreur et au schisme !

Avez-vous donc oublié que le vrai christianisme n'a d'anathèmes que contre ceux qui anathématisent leurs frères? N'avez-vous donc jamais lu l'Évangile? Et êtes-vous bien sûrs que si Jésus revenait sur la terre, il ne vous traiterait pas plus sévèrement que les pharisiens et les profanateurs du temple? Je comprends pourquoi vous vous acharnez contre cet homme évangélique; vous vous êtes reconnus dans le tableau qu'il trace de ce « pharisaïsme aveugle et fanatique, se mettant en « travers contre la porte du royaume des cieux « pour empêcher les générations de passer. » Vous avez entendu ces paroles accusatrices, et vous vous y êtes reconnus : « Arrière, hommes de la lettre ! « Arrière, ennemis de tous les humains ! *Adver* « *santur omnibus hominibus*, comme dit saint Paul. « Jésus n'avait pas de colère contre les pauvres « pécheurs, il s'asseyait à leur table; et quand la « femme adultère tombait à ses pieds, rougissant « dans la honte et pleurant dans les remords, il la « relevait, ne voulant que l'absoudre : Va en paix « et ne pèche plus. — Il n'avait pas de colère con « tre les hérétiques et les schismatiques; il s'as « seyait sur le puits de Jacob à côté de la Samari « taine, et lui annonçait l'adoration en esprit et en

« vérité. — Mais Jésus eut deux colères : la colère,
« le fouet en main, *contre ceux qui vendaient les*
« *choses de Dieu dans le temple*, et la colère, l'a-
« nathème à la bouche, *contre ceux qui pervertis-*
« *saient les choses de Dieu dans la loi.* »

IV

Que fera l'Église, que fera Rome? se demande-
t-on de toutes parts. Rome fera ce qu'elle doit
faire ; elle retranchera de sa communion celui qui
s'en est retranché lui-même ; elle fera ce qu'elle a
toujours fait en face de l'hérésie et du schisme,
pour sauver son unité et sa catholicité.

Avez-vous jamais songé au secret de cette merveilleuse unité? Plusieurs hommes se réunissent,
adoptent un symbole et se disent : Quiconque re-
fusera de croire un des articles de ce symbole, ou
ne l'interprétera pas comme nous, sera considéré
comme hérétique et, comme tel, retranché de notre communion. S'élève-t-il dans la société une
voix qui proteste : « Allez, maudit, au feu éternel,
« vous n'êtes plus l'enfant de Dieu; » et l'unité est
sauvée.

Il en est ainsi de toute société dogmatique, de
toute secte; toutes, à cette condition, peuvent revendiquer une si belle unité. Mais cette unité n'est
plus qu'une unité disciplinaire, une unité arbitraire

et tyrannique, une unité fictive. Les quakers aussi peuvent prétendre à l'unité, et à une unité bien plus rare, que l'Église n'a jamais osé (et pourquoi? un miracle de plus ou de moins! il en coûte si peu à la Toute-Puissance divine!) revendiquer pour elle, l'impeccabilité.

Les quakers raisonnent absolument comme l'Église quand ils prétendent à une espèce d'impeccabilité « qui fait qu'aucun quaker n'a jamais, disent- « ils, été repris de justice; et cela est vrai, comme « il est vrai qu'aucun catholique n'est jamais, en « tant que tel, tombé dans l'erreur ou dans l'héré- « sie. Celui-ci refuse-t-il de renoncer à des opinions « que l'Église condamne, on le chasse, on l'excom- « munie; il n'est plus catholique. Un quaker com- « met-il quelque acte qui l'expose à être condamné « par les tribunaux, on l'expulse de la secte : il « n'est plus quaker lorsqu'il est pendu. » (Lamen- nais.)

On ne saurait plus naïvement exposer cette merveilleuse logique que ne l'a fait le *Monde* dans un de ses plus récents articles. Il reproche aux journaux antireligieux de parler de *la lutte engagée entre l'abbé Loyson et l'Église*, comme s'il pouvait y avoir lutte entre l'homme et Dieu! « Une lutte « laisse supposer quelque égalité entre les combat- « tants; ce qui n'existe pas lorsqu'il s'agit du pape « et d'un moine défroqué.... Lorsqu'un prêtre ou « un religieux oublie ses serments et manque à son « devoir, il tombe sous les coups des censures ecclé- « siastiques. On le prévient, on lui donne un délai,

« et s'il résiste on le suspend, on l'interdit ou on
« l'excommunie, et *alors il ne fait plus partie de*
« *l'Église*. Elle n'a donc pas à lutter avec lui; elle
« l'abandonne, elle l'oublie, lui laissant le fardeau
« du terrible anathème qui le suivra jusqu'à son lit
« de mort s'il ne s'humilie pas.... »

Et que ferait l'Église, le jour où tous ses ministres, se levant comme un seul homme, lui diraient :
« Votre *credo* n'est plus notre *credo;* votre loi n'est
« plus notre loi? » Ce jour-là il n'y aurait plus
d'Église Romaine.

Autrefois on daignait entendre l'hérétique, discu-
ter avec lui. Mais aujourd'hui à quoi bon? l'Église
n'a-t-elle pas terrassé toutes les hérésies, fulminé
contre toutes les erreurs? Et comme ses coups de
foudre sont de ceux dont on ne se relève pas, et
que les morts ne parlent plus, la cause est enten-
due et jugée d'avance. Vous, protestants de toute
race et de toute nuance, vous osez réclamer la parole devant une Église qui vous a tant de fois con-
damnés et persécutés ; vous faites preuve de sim-
plicité et de naïveté : que vous connaissez peu le
catholicisme !

Voici ce qui se passait autrefois : voudriez-vous
nous ramener ces beaux jours ?

V

« Thomas Conecte, carme, né à Rennes, partit
« pour Rome en 1432, dans le dessein, disait-il, de
« réformer le pape et les cardinaux. Zélé mission-
« naire, il s'était acquis une haute réputation, et
« avait produit de grands effets en France, en pré-
« chant contre le luxe des femmes et les vices du
« clergé. Il crut qu'il lui serait permis d'attaquer
« avec la même liberté les mœurs corrompues de
« la capitale du monde chrétien, et ne tarda pas à
« s'attirer des inimitiés puissantes. Sommé de com-
« paraître devant Eugène IV, il cherche à s'évader,
« est arrêté, mis en prison. Les cardinaux de Rouen
« et de Navarre, chargés de l'interroger, déclarent
« que sa vie est irréprochable et sa doctrine héré-
« tique. Condamné, selon les lois de l'inquisition,
« à être brûlé, il est exécuté en 1434. Quelques-
« uns applaudirent à son supplice, d'autres le re-
« gardèrent comme un martyr. Saint Antonin ,
« archevêque de Florence, disait de lui avec une
« naïveté singulière : *Magnas faciebat commotiones*
« *in bonum, etsi non secundum scientiam.* » C'est
ce qu'on dit encore du P. Hyacinthe : un apôtre,
un convertisseur des âmes, mais un imprudent, un
écervelé !

Mais écoutons jusqu'au bout Lamennais, dont ce

récit est tiré ; quand on a écrit de pareilles pages contre Rome, on s'est voué pour jamais à la haine et aux outrages du fanatisme.

Après l'exécution publique et solennelle, c'est l'exécution ténébreuse et secrète.

— « Je suis tranquille pour vous. Une convic-
« tion si droite, si pure, si douce, ne saurait être
« punie là-haut. Mais pourquoi ne pas l'avouer? Je
« crains, je crains la violence des hommes qui
« vous poursuivent, qui vous ont jeté dans cette
« prison. Il n'est rien, croyez-moi, rien qu'ils ne
« soient capables de concevoir et d'exécuter.

— « Et il n'est rien non plus, mon père, qui
« soit capable d'altérer ma paix. Je ne trahirai
« point ma conscience pour respirer quelques jours
« de plus l'air épais de cette terre. Qu'est-ce que
« ce peu de vie qui me reste? Qu'ils me tuent,
« s'ils veulent; ils n'auront pas grand'peine; en
« l'état où je suis, un enfant m'achèverait.

« J'allai rendre compte de ma commission.
« — Qu'a-t-il dit? — Je répétai de mon mieux
« ses paroles si fortes, si suaves. Il les écoutait
« attentivement. — Et qu'avez-vous répondu? —
« Je repassai sur toute mon argumentation. Il se
« taisait et levait les épaules. Puis sa tête s'abaissa
« peu à peu sur sa poitrine : il tomba dans une
« rêverie sombre, morne, profonde comme son
« âme impénétrable. Cela dura, je crois, vingt mi-
« nutes. Je sentais le frisson courir dans mes mem-
« bres et le souffle me manquer. Tout à coup il se
« redresse : je ne sais quel feu interne jaillissait

« à travers sa prunelle enfoncée. Il était calme
« pourtant, sa parole ne tremblait pas ; elle réson-
« nait froide, sévère, impassible comme la voix du
« destin.

— « Qu'il ait raison ou non, peu m'importe.
« *J'ai une haute place, une place suprême à trans-*
« *mettre à mes successeurs ; je leur en dois compte.*
« *Malheur à qui l'attaquera de son vivant !* »

« Je tressaillis, mon sang se glaça. Quelque
« chose en moi me dit : Il est mort.

« Le lendemain, Rome apprit qu'une soudaine
« indisposition l'avait surpris pendant la nuit. Le
« médecin, arrivé aussitôt qu'on le put, était arrivé
« trop tard. Tous les secours avaient été vains. »

Je ne veux pas dire, comme quelques-uns, que
le P. Hyacinthe a fui, pour se soustraire à quelque guet-apens de cette espèce. Une pareille justice n'est plus possible à la clarté de nos idées
modernes, et quelle que soit la vivacité et l'âpreté de
la rancune cléricale, elle n'est plus si redoutable.
Elle peut encore persécuter le rebelle dans sa personne ou celle de ses amis ; mais elle ne va plus
jusqu'à le faire disparaître du nombre des vivants.

Ce n'est pas qu'il faille lui savoir gré de sa tolérance ; c'est une tolérance forcée, une concession
à la triste nécessité des temps. On l'a parfaitement
dit, et on ne saurait trop le répéter : l'intolérance
est la conséquence logique de tout le système
orthodoxe, le résumé de l'esprit de l'Église : « l'É-
« glise, quand elle le pourra, ramènera l'inquisi-
« tion, et si elle ne le fait pas, c'est qu'elle ne le

« peut pas...... On nous abandonne à la dureté
« de notre cœur ; on nous laisse respirer parce
« qu'on ne peut nous étouffer.... Ce n'est pas de
« la tolérance que de souffrir ses ennemis, quand
« on n'a la force ni de les enchaîner ni de les
« brûler. » (Renan.)

VI

Personne ne s'est étonné de la lettre du P. Hyacinthe. Ce qui devait étonner ceux qui connais-
sent l'ombrageuse susceptibilité de l'orthodoxie
catholique, c'est qu'on lui ait si longtemps laissé la
parole, et que lui ait pu se contenir si longtemps.
Ce qui m'étonne surtout, c'est qu'il ait pu un
instant se faire illusion sur les dispositions de ses
supérieurs à son égard ; c'est en effet un étrange
aveuglement de se dire catholique, et de repousser
tout mot d'ordre, de revendiquer la liberté de la
pensée et de la parole. N'entendait-il donc pas ce
qui se disait et se prêchait autour de lui ? Ne sen-
tait-il donc pas que sa parole était une note dis-
cordante au milieu de ce concert de niaiseries et
de saintes platitudes ? Ne savait-il pas qu'en aban-
donnant le jargon officiel de l'Église, il rompait
avec l'enseignement catholique ? Que fait à Rome
la liberté, le progrès moderne ? Tout cela, c'est sa
ruine, et elle veut vivre ; elle combat pour sa pro-
pre existence, en combattant pour son Dieu.

Le P. Hyacinthe me faisait l'effet d'un enfant imprudent qui offrirait à sa mère pour prolonger ses jours un breuvage empoisonné qui précipiterait sa mort.

Son grand crime aux yeux de l'Église, sa grande hérésie, qui est aussi celle de son siècle, c'est son *libéralisme*. Déjà quelques orateurs catholiques, le P. Lacordaire entre autres, qui semble avoir eu sur le P. Hyacinthe une grande influence, avaient essayé avant lui de mêler à l'eau tiède et fade de la doctrine courante le vin fumeux des théories modernes; mais ils l'avaient fait avec une telle discrétion, avec un respect si scrupuleux des dogmes et des formules consacrées, qu'on leur pardonnait ces légères échappées, si bien rachetées par leurs protestations et leurs semblants d'orthodoxie. Il faut le reconnaître du reste; sans sa séditieuse protestation, le P. Hyacinthe eût peut-être pu continuer encore longtemps sur le même ton, sans être sérieusement inquiété; on eût passé sur bien des énormités, pour éviter le scandale. Sans doute, Rome est chatouilleuse à l'endroit de la foi et de l'orthodoxie dogmatique; mais elle l'est bien plus quand il s'agit de son autorité, de ses prérogatives, du pouvoir gouvernemental qu'elle s'arroge sur les âmes.

Quoi qu'il en soit, le prétendu catholicisme libéral du P. Hyacinthe choquait et scandalisait les véritables catholiques. Et ils avaient raison de renier ces nouveautés : *catholicisme* et *libéralisme* sont deux mots qui jurent accouplés; *catholicisme libé-*

ral est une contradiction dans les termes. M. Renan l'a trop bien prouvé pour que nous l'essayons
encore après lui. (*Du libéralisme clérical.*)

Tout ce que nous voulons montrer ici, c'est que
toute tentative comme celle du P. Hyacinthe n'a-
boutit qu'à faire éclater plus sensiblement cette contradiction, et que son exemple doit décourager à
jamais et les prêtres qui voudraient marcher sur ses
traces, et les fidèles qui ne voient de salut pour le
catholicisme que dans une conciliation radicale-
ment impossible. Si vous vous dites libéraux,
vous serez tout ce que vous voudrez, mais à coup
sûr vous ne serez jamais catholiques.

Écoutez-le juger, ce catholicisme libéral, par les
organes reconnus et avoués de l'opinion catholique. « Ce catholicisme livrerait la papauté sur un
« signe du maître; il mène tout droit à la révolte
« ou à la désertion. Il a pour inspirateur le démon
« de la popularité; c'est ce démon qui dissimule
« dans la bouche des prédicateurs l'*inflexibilité* du
« dogme catholique, préside à la salle Herz le
« congrès de la Paix, et cherche à corrompre *la*
« *virginale intégrité* de la vérité.... Tout homme
« qui refuse son adhésion absolue (c'est-à-dire
« aveugle) à l'enseignement infaillible de l'Église,
« est fatalement condamné à se jeter dans les bras
« de Luther. » C'est le langage même de l'Église,
quand, au siècle dernier, effrayée des progrès de la
philosophie et de l'humanité, elle rappelait le gouvernement à l'observation des anciens édits contre
les hérétiques et ceux qui les toléraient, accusant

avant tout des maux présents de l'Église, « LES
« FAUX SYSTÈMES DE TOLÉRANCE DE CES HOMMES
« QUI, SE DISANT CATHOLIQUES, croient sous cette
« égide se mettre à couvert des reproches et des
« plaintes de l'Église. Systèmes inventés pour ren-
« verser toutes nos lois, et y substituer, sous pré-
« texte d'humanité et de bienfaisance, des précep-
« tes de révolte et d'anarchie. » (Procès-verbal de
l'assemblée du clergé de 1765.)

C'est contre ces prétentions antichrétiennes,
mais à coup sûr très-catholiques, que le P. Hyacinthe avait voulu élever la voix, espérant qu'elle
trouverait quelque écho parmi ses frères. Il se
trompait : cinq années de prédications ont moins
avancé la cause qu'il plaidait que les deux lignes
séditieuses de sa lettre ; sa révolte seule a pu faire
apprécier le venin qui se cachait sous ses pério-
des fleuries, et aussi peser à son juste poids ce catholicisme léger qui servait de couverture à toutes
les audaces de sa pensée.

VII

Le P. Hyacinthe, âme ardente et belliqueuse, ne
pouvait s'attarder aux questions de métaphysique.
Avant tout, comme il s'en vantait, il est fils de son
siècle, et d'un siècle fait pour penser sans doute,
mais plus encore pour agir que pour penser. La

question religieuse, comme toutes les questions contemporaines, tend à passer de l'ordre spéculatif dans l'ordre pratique, et à se confondre avec le problème moral et social. C'est ce problème qui l'attire, malgré ses pentes glissantes et ses abîmes; pour lui, le royaume de Dieu qu'il s'agit d'établir au sein de l'humanité, n'est pas autre chose que la souveraineté de la loi morale dans le monde des consciences, dans les trois sociétés divines qui se superposent l'une à l'autre : la famille, la patrie, l'Église; *souveraineté de Dieu sur l'individu, la famille et la société, la théocratie* en un mot.

Ce mot redoutable, qui a consacré tant d'erreurs, justifié tant de fautes, allumé de si implacables colères, ne fait pas peur au P. Hyacinthe. Je crains qu'en renouvelant avec tant de sécurité cette vieille théorie, il ne soit dupe d'une singulière illusion. Peut-être en rapportant à Dieu seul toute autorité, tout pouvoir, en faisant de Dieu le souverain unique et universel des individus et des peuples, veut-il soustraire l'homme aux autocraties de ce monde qui se prétendent élues de Dieu pour l'éclairer et le gouverner; ou au moins si un homme, si une société s'arroge au nom de Dieu cette mission, prétend-il user du droit d'exiger de ces prétendus représentants du ciel leurs lettres de créance. Je ne vois rien de semblable dans les conférences du P. Hyacinthe, et j'ai bien peur que cet appel à Dieu ne soit aussi vain que le sera son appel irrévérentieux au Pape et au Concile, une fiction généreuse, et voilà tout. Ses ennemis pourront lui dire, avec ce narquois et mystique sourire dont ils ont le secret : Si vous vous dites libéral, et si vous en appelez à Dieu, c'est qu'au fond vous nous comptez pour rien ; vous passez à pieds joints sur les autorités présentes qui pèsent sur vous : vous en appelez à Dieu comme les prêtres inférieurs en appellent au Pape, pour décliner la juridiction épiscopale, sans en être jamais entendus. Ne savez-vous donc pas que Dieu, c'est Rome, c'est nous, qui sommes avec Rome !

Et voilà précisément l'éternel danger de ce beau mot de *théocratie ;* c'est qu'il se trouvera toujours des hommes pour en abuser, pour l'exploiter au profit de leurs convoitises et de leur fanatisme, qu'il se trouvera toujours des prêtres qui se mettront à la place de Dieu, pour recueillir en son nom les hommages de la foule, entretenir de l'autel leur orgueil ou leur cupidité. Plaider pour la théocratie, c'est justifier toutes les tyrannies, tous les despotismes. Vos axiomes absolus : « *Non est potestas nisi a Deo... qui resistit potestati, Dei ordinationi resistit,* » engendrent toutes les iniquités, toutes les dégradations, toutes les servitudes.

Comment après cela pourrez-vous, sans la plus flagrante des contradictions, mettre la conscience au-dessus de l'autorité, faire de la conscience le juge de la légitimité du pouvoir et de l'obéissance ? Comment accorderez-vous avec ce grand principe de l'inviolabilité absolue la protestation, la résistance de la conscience individuelle ? Ah ! sans doute, vous seriez dans le vrai, si nous étions encore aux beaux jours d'Israël, que vous ne cessez de nous rappeler comme le type souverain du progrès humanitaire ; si, comme au temps des Juges et des Rois, Dieu se faisait sur ses ministres prévaricateurs le vengeur du droit outragé, l'exécuteur des arrêts de la conscience humaine. Mais ces temps ne sont plus et ne reviendront jamais. Dieu n'enverra plus de prophète Élie pour dire à l'usurpateur, au meurtrier de Naboth : « Voleur et meurtrier, ici même « où les chiens ont léché le sang de Naboth, les « chiens lécheront aussi le sang de la femme « d'Achab. »

Voilà la liberté ! s'écrie le P. Hyacinthe. — Sans doute, mais voilà aussi la vengeance, sanction de la liberté. Que l'Église, qui prétend continuer ce rôle des anciens prophètes, nous montre qu'en vérité elle dispose du bras de Dieu, et nous accepterons sa médiation.

VIII

Il y aurait bien d'autres contradictions à relever dans le système du libéralisme catholique. Elles se résument toutes dans la confusion continuelle entre le naturel et le surnaturel, l'humain et le divin, la conscience et l'autorité extérieure ; ce faux libéralisme se débat misérablement entre ces deux termes, qu'il ne fait qu'éloigner en essayant de les rapprocher et de les fondre.

Les conférences du **P.** Hyacinthe ne laissent rien à désirer à cet égard ; elles sont pour un esprit attentif la démonstration la plus éloquente et la plus piquante de l'absurdité de la thèse qu'elles soutiennent. Quand le **R.** Père a bien battu le catholicisme avec le libéralisme, et le libéralisme avec le système catholique, il se trouve en fin de compte qu'il n'y a plus ni libéralisme, ni catholicisme, mais un assemblage monstrueux des principes les plus incohérents, en face duquel il est difficile de ne pas se dire avec Horace :

Risum teneatis, amici?

Voici, pour l'édification du public, quelques-unes des antinomies qui sont nécessairement au fond de tout catholicisme libéral. Elles sont extraites textuellement des conférences de l'Avent.

Première antinomie. — 1. Les diverses personnalités humaines sont unies en une société naturelle et universelle par le lien d'une commune raison.

2. Il y a des formes de la vérité invariable qui changent d'un côté de la montagne à l'autre : il y a des vêtements de la vérité qui vieillissent, qui se déposent, et qu'il faut renouveler avec les siècles et les âges.

Deuxième antinomie. — 1. Nous sommes les hommes de l'idée personnelle, de la vertu individuelle et du salut individuel. *Le sentiment humanitaire doit être subordonné à la religion.*

2. Au-dessus de la société domestique, au-dessus

de la société civile, au-dessus de la société religieuse, il y a une société universelle : le *genre humain*.... Ils sont chrétiens, ces sommets de l'idée
humanitaire.

Troisième antinomie. — 1. Une école catholique
dit : « Pas de compression ! liberté absolue ! L'Église
est puissante, parce qu'elle est la vérité et l'amour...»
École généreuse, mais chimérique !

2. L'autre école catholique (et il n'y a que celle-
là de vraiment catholique, quoi que vous préten-
diez) dit : « L'homme est mauvais, déchu.... A côté
de la force de persuasion, il faut une force de cor-
rection, il faut le glaive,... l'appui du bras sé-
culier. »

Quatrième antinomie. — 1. L'enfant est toujours mineur devant la nature (et surtout devant
l'Église), même quand il est majeur devant l'État ;
l'autorité paternelle est essentiellement perpé-
tuelle.

2. L'enfant est majeur du jour où il atteint la
plénitude de l'âge de raison ; il est dès lors libre et
responsable, il relève de sa conscience et de Dieu.

Cinquième antinomie. — 1. Depuis qu'il a placé
l'homme comme son lieutenant sur le globe, Dieu
s'est retiré du champ de l'action directe et personnelle. La science a raison, le monde n'appartient
pas au miracle, mais à la loi. La formule par excellence du règne de Dieu sera le règne des lois !

2. Par un seul homme, le péché est entré dans
le monde, et par le péché la mort (c'est-à-dire, le
miracle des miracles).

Sixième antinomie. — 1. La France s'est dévouée depuis quatre-vingts ans ; elle s'est dévouée comme une victime, comme une martyre à la poursuite des grandes idées qu'elle doit populariser dans le monde. La révolution de 89 est une légitime et nécessaire réaction contre les abus politiques et contre la corruption morale de l'ancien régime.

2. C'est le crime de la révolution française d'avoir érigé en principe le renversement du pouvoir.

Septième antinomie. — 1. C'est une erreur de certains philosophes et théologiens de regarder la société civile comme de création directement et exceptionnellement divine.... Mon droit, c'est l'acte même de ma volonté.

2. La théocratie est le pouvoir ayant sa source en Dieu et n'étant exercé qu'au nom de Dieu.

Huitième antinomie. — 1. Place au héros ! Le pouvoir absolu a été le passé, il est encore le présent des grandes nations.

2. Il y a une souveraineté légitime et respectable en dehors de la souveraineté des princes absolus : la souveraineté de la nation elle-même et la démocratie.

Neuvième antinomie. — 1. La paix universelle est une chimère. C'est Dieu qui a fait la guerre.

2. Je ne suis pas de l'école de ces catholiques qui ont fait de la guerre une sorte d'idéal divin. L'état définitif des choses est celui que Cicéron pressentait déjà : « La cité de ce monde est universelle et doit renfermer les dieux avec les hommes. »

Dixième antinomie. — 1. L'œuvre de la science! Et moi je pousserais des cris inconsolables, si l'humanité était privée de ces audaces sublimes et de ces ivresses fécondes.

2. Affreuse barbarie intellectuelle, dont pour ma part je rougis devant l'Europe! Que j'aime mieux les paysans, les populations ignorantes de nos campagnes! Je retourne vers eux....

IX

Ces citations suffisent pour faire toucher du doigt le cercle sans fin des contradictions où s'enferme le catholicisme libéral. Cependant il faut rendre justice au P. Hyacinthe, et reconnaître que, cédant de plus en plus à la pente libérale, il allait chaque jour se dégageant de ses entraves, et allégeant ce qui lui restait de catholicisme. Les conférences du dernier Avent témoignent visiblement du travail actif qui se faisait dans son esprit; les ménagements et les réticences devenaient d'autant plus impossibles à sa sincérité, qu'il traitait un sujet où il en fallait davantage, la question de l'Église.

Ne se sentant pas assez maître de lui-même pour l'aborder par les côtés brûlants, la constitution extérieure de l'Église et ses rapports avec les États, il prit la question de plus haut, considérant l'Église à son point de vue le plus général, à ce point de vue d'une société vraiment catholique et universelle, devant rallier dans son sein tous les peuples et tous les hommes. En apparence, il se borne à paraphraser la notion commune de la théologie sur la distinction capitale du corps et de l'âme de l'Église : mais à chaque discours, à chaque ligne percent ses prédilections secrètes. Elles apparaissent surtout au soin avec lequel il insiste sur la participation légitime et nécessaire de l'élément laïque au corps et même au gouvernement et au sacerdoce de l'Église. Ce gouvernement n'est plus une domination, mais un simple ministère ; la hiérarchie n'est plus qu'une fraternité divinement constituée. La loi de l'Évangile, qui est la loi de l'Église, n'est pas une loi nouvelle ; le double amour prêché par Jésus n'est point la propriété exclusive de l'Évangile. L'Évangile ne l'appelle un commandement nouveau, que parce qu'il était nouveau pour les pharisiens de son temps, comme il l'a été et le sera dans tous les temps pour tous les pharisiens. Que parlez-vous de cette catholicité étroite qui compte les corps, et gonfle les chiffres pour en imposer aux badauds ? La cité de Dieu avant Jésus-Christ est resserrée dans un coin obscur, la Judée n'a pas vingt lieues de large, et aujourd'hui sur un milliard de créatures humaines, on compte cent trente-neuf millions de catholiques. « Spectacle désolant, il faut en convenir, après deux mille ans de christianisme, » s'il fallait retrancher de l'Église tous ceux qui appartiennent à son âme sans appartenir à son corps !

Mais il n'en est point ainsi. De même que beaucoup appartiennent au corps de l'Église sans appartenir à son âme, beaucoup sont en réalité de l'É-
glise sans appartenir à son corps, parce qu'ils sont
réellement de Dieu par la sincérité de leur âme. En
somme, le P. Hyacinthe arrive à cette conclusion si
nettement exprimée dans les lignes que nous avons
prises pour épigraphe : « La souveraineté de la con-
« science individuelle ne connaît plus qu'une or-
« thodoxie, la sincérité ; plus qu'une hérésie, l'hy-
« pocrisie. »

M. Dolfus et le P. Hyacinthe ont pour eux l'É-
vangile, et, qui plus est, la conscience et le bon sens
universel. Arrière les ennemis de l'esprit, les ado-
rateurs de la lettre, les héritiers de ce pharisaïsme
impie que vous avez si vertement flagellé du haut
de votre chaire. Car c'est le pharisaïsme moderne,
celui que nous avons vu et que nous voyons tous
les jours à l'œuvre, que vous stigmatisez sous le couvert du pharisaïsme de la Synagogue. « Cet aveu-
« glement religieux, aveuglement des prêtres dépo-
« sitaires de la lettre et croyant la garder d'autant
« mieux qu'ils l'expliquent moins ; aveuglement qui
« porte sur tous les points du dépôt sacré ; aveugle-
« ment dans le dogme, prédominance de la for-
« mule sur la vérité ; aveuglement dans la morale,
« prédominance de l'œuvre extérieure sur la justice
« intérieure ; aveuglement dans le culte, prédomi-
« nance du rite extérieur sur le sentiment religieux. »
Non il n'y a rien de commun entre l'Évangile,
cette faim insatiable et cette soif inextinguible de

justice et de miséricorde, et cet hypocrite respect
de la lettre, « qui étouffe sous ses étreintes homi-
« cides la raison, la conscience et le cœur ! »

X

Et voilà pourquoi, mon révérend Père, nous ne
voulons pas plus de votre mosaïsme ou de votre ju-
daïsme que de votre catholicisme. Vous ne nous ferez
jamais croire, malgré l'habileté avec laquelle vous
retrouvez dans la constitution du peuple de Dieu les
grandes lignes du christianisme libéral, qu'il n'y a
de salut pour l'humanité qu'à condition de revenir
aux mœurs des patriarches, à la circoncision, à l'É-
glise et à la loi de ce Dieu terrible, où l'esprit d'intolérance semble avoir pris sa racine. Non, votre
Bible n'est pas, comme vous le dites, le livre humanitaire par excellence. En ramenant l'Église au type
de la Synagogue, vous défigurez l'Évangile. Votre
tolérance vous égare. Pour relever une faible por-
tion de l'humanité de l'anathème cruel auquel elle
est vouée, vous êtes injuste envers la grande humanité que vous célébrez si haut. Comme les historiens
catholiques de la cité de Dieu, vous ne voyez qu'un
point de l'espace et du temps ; vous oubliez la
Grèce, vous oubliez l'Orient tout entier, le mono-
théisme et le polythéisme de l'Hellade, le panthéisme
de l'Inde, toutes les synthèses diverses qui viennent

avec l'idée juive se fondre dans la grande unité chrétienne !

Nous avouons que le Dieu de l'humanité n'est pas plus hindou qu'il n'est juif ! Mais si nous ne voulons pas du Dieu catholique, à plus forte raison ne dirons-nous jamais avec vous que le Dieu de l'humanité est le Dieu juif. Votre rêve d'une Église patriarcale est le plus insensé des rêves. Il faut le mettre à côté des poétiques utopies du *Télémaque*.

Pour nous résumer, votre libéralisme catholique, animé des plus droites et des plus généreuses intentions, est la plus impraticable des chimères. Nous ne pouvons pas rester suspendus dans cette région nuageuse qui n'est ni le ciel ni la terre, ni la liberté ni l'autorité, ni la paix ni la guerre, ni la vérité ni l'erreur ; nous nous souvenons que Jésus a dit : « Celui qui n'est pas pour vous est contre vous ! » Or, nous sommes pour l'affranchissement de plus en plus complet de toutes les servitudes, de toutes les hypocrisies, de toutes les superstitions, de tous les fanatismes ; nous ne pouvons leur tendre une main en leur refusant l'autre. Nous rentrons sans regarder en arrière, sans entretenir de stériles regrets, dans le monde intérieur de la conscience, où gît toute raison, tout droit, toute liberté, toute divinité.

Mépris de la raison et de la conscience humaine, tel nous semble être le dernier mot du véritable catholicisme.

Science et conscience, voilà en deux mots toute

la religion moderne ; qu'on l'appelle christianisme, protestantisme, comme on voudra ; ces deux mots suffisent à ceux qui aiment sincèrement la vérité et la liberté !

Du privilége de Clergie, comme on l'a très-bien dit, *nous ne gardons que le don d'exorciser les possédés de l'ignorance et de la superstition.*

Tous nous sommes prêtres en ce sens, et sacrés par la seule puissance qui devrait gouverner le monde : l'amour de l'humanité.

ÉPILOGUE

Que produira la manifestation du P. Hyacinthe? Réveillera-t-elle les âmes engourdies? Encouragera-t-elle les âmes faibles qui l'admirent en secret, et ne se sentent pas la force de suivre son exemple? Il y a tant d'obstacles à renverser, tant de liens à briser! Le passé est si lourd! l'avenir si incertain! La conscience sans doute parle bien haut; mais l'habitude, l'intérêt, la peur parlent bien plus haut encore. L'heure du sacrifice n'est venue que pour quelques âmes fortement trempées, qui peuvent envisager sans frémir les conséquences aventureuses du devoir

accompli, qui se reposent sur cette parole du Maître : « Cherchez d'abord le règne de Dieu et sa justice, et le reste vous sera donné par surcroît. »

Cependant ces courageuses désertions sont moins
rares qu'on ne le suppose; à voir le bruit qui s'est
fait autour de la lettre du P. Hyacinthe, on dirait
qu'il est le premier et le seul qui de notre temps ait
osé du sein de l'Église porter la main sur l'arche
sainte. Sa réputation et sa popularité donnent seules
quelque éclat à sa demi-défection ; elle préoccuperait
beaucoup moins l'attention publique si l'on savait
mieux que d'apostasies secrètes viennent chaque
jour, pour parler le langage mystique, désoler le
cœur de l'Épouse. Elle panse ses plaies en silence ;
elle garde à ces discrets déserteurs un peu de recon-
naissance, elle leur épargne ses foudres, et ne les
poursuit que de ses prières.

Peu lui importe la qualité du dévouement qui
retient ses ministres à son service ; qu'ils obéissent
et qu'ils servent, c'est tout ce qu'il lui faut ; elle re-
doute plus que tout au monde les dévouements
éclairés, et fait tout ce qui est en elle pour entretenir
dans ces âmes naïves et dociles l'ignorance qui as-
servit et la crainte qui paralyse.

L'opinion publique du reste, lui vient en aide.
Combien d'esprits (je dis d'esprits prétendus libres
et réfléchis) ne peuvent se soustraire au prestige du
sacerdoce catholique! Combien d'hommes, qui tien-
nent à honneur d'être appelés libres penseurs, seront
les premiers à crier anathème au prêtre qui un jour,
revenu de ses illusions et de son aveuglement, rejette

le masque avec l'habit, pour rentrer dans la grande communauté humaine !

Le *Sacerdos in æternum* de l'Église retentit avec une singulière force aux oreilles des chrétiens même qui ne le sont plus que de nom; il y a encore des esprits assez crédules pour s'imaginer qu'à la parole d'un homme, la vertu du Très-Haut descend sur un autre homme, pour le sacrer son représentant, l'investir de sa puissance sur les consciences et les cœurs, mettre en ses mains le salut de l'humanité !

Nous les connaissons ces hommes divinisés par l'onction sainte; et nous pouvons dire de beaucoup, sans crainte d'être démenti, qu'il n'y a pas en eux trace de la divinité, qu'ils abusent les peuples et finissent par s'abuser eux-mêmes, en s'enivrant des respects et de la vénération publique; plus dignes encore de pitié que de haine, parce qu'ils sont le produit fatal d'une organisation odieuse, d'un système de mort, d'un engrenage qui les broie; qu'ils font un métier, que pour eux le christianisme n'est autre chose qu'une forme et un intérêt; que Lamennais n'est pas allé au delà de la vérité quand il a dit : « Le prêtre sans inspiration balbutie des pa-
« roles de la terre, froides, mortes, semblables au
« creux retentissement d'un sépulcre; » et encore:
« Ce qui reste, ce n'est plus une Église, c'est un
« clergé, une sorte de classe inférieure de fonction-
« naires publics qui se cramponnent à leurs places,
« et en serrent avidement le salaire dans un pan de
« la robe sacerdotale. »

Ce n'est pas d'un tel milieu que peut sortir le

grand mouvement qui doit régénérer la chrétienté ;
en haut, orgueil, intimidation, absolutisme sans
bornes ; en bas, esprit de routine, ignorance, cupidité , servilité; l'exemple du P. Hyacinthe ne
peut être pour le plus grand nombre qu'un scandale, un encouragement à la tyrannie des chefs, et
à l'asservissement des subordonnés.

Il n'y a de remède à un tel état de choses, qui
va toujours empirant, que la séparation totale, absolue, de l'Église et de l'État. Il répugne d'insister
aujourd'hui sur une telle vérité, tant elle est évi-
dente et rebattue. S'il y a eu quelque chose de frap-
pant dans les manifestations de la pensée publique
suscitées par le mouvement électoral de cette année,
c'est l'unanimité avec laquelle on a réclamé partout
cette séparation au nom de la liberté et de la religion même. D'où viendra l'initiative? Du gouvernement ou de l'Église? Ils se trouvent trop bien de
leur mutuelle entente, pour qu'on puisse espérer
que l'un ou l'autre renonce spontanément aux
avantages qu'ils en retirent : il faut tout attendre
du progrès des idées et du temps! Nous avons con-
fiance dans la liberté ; rien ne peut empêcher son
triomphe !

Paris, le 14 octobre 1869.

Imprimerie générale de Ch. Lahure, rue de Fleurus, 9, à Paris.